글

역사는 큰별쌤 최태성 | 큰별쌤 최태성 선생님은 한국사를 가르칠 때면 슈퍼 파워를 내뿜는 열정적인 대한민국 1등 한국사 선생님입니다. 우리가 역사를 왜 배워야 하는지, 역사 속 사람들과 어떻게 대화하고 소통해야 하는지를 알려주시죠. 큰별쌤과 함께라면 역사는 더 이상 지루하고 어려운 과목이 아니랍니다. 역사를 웃음과 감동이 넘치는 재미있는 이야기로 만드시는 능력이 있으시거든요. 큰별쌤은 어린이부터 어른까지 한국사를 공부하고 싶은 사람 모두를 돕고 싶다는 마음으로 모두의 별별 한국사 연구소장이 되셨어요. 그리고 EBS와 모두의 별별 한국사 사이트, 유튜브 채널 최태성 1TV와 2TV에서 한국사 무료 강의를 선보이고 있죠. TV와 라디오 등 방송을 통해서는 남녀노소 모두를 위한 역사 교양을 살뜰히 챙겨주시며 대중과 소통하고 있습니다.

김지원 | 홍익대 시각디자인과를 졸업하고 방송작가로서 'EBS 세계테마기행', 'KBS 금요기획', 'EBS 다큐프라임' 등 다수의 다큐멘터리와 『태권도 품새의 비밀』, 『조선 최초의 여성사기장 백파선(공저)』, 에세이 『가시이야기』를 집필하고, 현재 프리랜서 방송작가로 활동하고 있습니다.

그림

똥작가 신동민 | 대학에서 만화와 시각 디자인을 공부해서가 아니라 타고난 재치와 천재적인 예술적 감각으로 재미터지는 그림만을 선보여주시는 그림 쟁이. 쓰고 그린 책으로는 『똥까페』, 그린 책으로는 『최진기의 경제상식 오늘부터 1일』, 『용어사회 600』 등 무수한 작품을 배출하였습니다.

감수

모두의 별별 한국사 연구소 | 큰별쌤 최태성 선생님과 역사를 전공한 선생님들이 함께 우리 모두를 위한 별의 별 한국사를 연구하는 곳입니다. 어린이부터 성인까지 재미있고 즐겁게 공부할 수 있는 역사 콘텐츠를 만들기 위해 모두의 별별 한국사 연구소의 불은 밤늦게까지 환하게 빛나고 있습니다.

강승임 | 이화여자대학교 신문방송학과를 졸업하고 동대학에서 교육학 석사 학위를 받은 교육자입니다. 독서와 글쓰기를 주제로 한 다수의 교육서와 어린이·청소년 교양서를 집필한 작가이기도 합니다. 대표 저서로는 『꼬리에 꼬리를 무는 엄마표 독서기차』, 『긍정의 말로 아이를 움직이는 글쓰기책』, 『나만의 독서록 쓰기』 등이 있습니다.

우리 아이 첫 놀이 한국사

큰★별쌤과 못말리는 한국사 수호대 2

미션: 고구려의 힘을 탐내는 번개도둑을 잡아랏

거기 서! 번개도둑

등장인물

 영상으로 만나는 한국사 수호대

강산

호기심 많은 꼬마탐정

취미★탐정놀이
특기★메모하기
아끼는 보물 1호★탐정수첩

사건의 실마리가 될 만한 사소한 일도 모두 탐정수첩에 적는다.
관찰력이 뛰어나 주위를 잘 살핀다.

머리에 책이 들어있는 듯 똑똑한 명랑 소녀

취미★책읽기
특기★궁금한 거 질문하기
아끼는 보물 1호★만능시계

궁금한 건 절대 못 참는 성격 탓에 역사를 지키고 번개도둑도 잡기 위한 시간 여행을 떠나게 된다.

바다

큰★별샘

마음이 따뜻한 역사 선생님

취미★ 배부르게 먹기
아끼는 보물 1호★ 이 땅의 모든 아이들

듬직한 성격과 체력으로 침착하게 강산, 바다, 핑이를 보호한다.

덩치는 작지만 용감한 강아지

취미★ 킁킁대기, 먹기
특기★ 달리기, 점프하기, 왈왈 짖어대기
아끼는 보물 1호★ 맛있는 간식

"쾅" 하는 큰 소리를 무서워한다. 번개도둑 냄새에 민감하다.

핑이

번개도둑

보물을 훔쳐 역사를 바꾸는 악당

취미★ 도둑질
특기★ 숨기, 약 올리기
지금 아끼는 보물 1호★ 광개토 대왕릉비

<u>변덕스러워서 갖고 싶은 보물이 자주 바뀜</u> ★

번개가 치면 주문을 외우고 순간 이동을 한다.
온몸을 꽁꽁 싸매 정확한 생김새를 아무도 모른다.

지난 이야기

어느 날, 강산이는 2층 다락방에서 무전기를 발견했어요. 무전기에서는 번개도둑들의 대화가 흘러나오고 있었어요.

번개도둑 이야기를 전해들은 큰별쌤은 깜짝 놀랐어요.
"번개도둑은 보물을 훔쳐 역사를 망가뜨리는 악당이야. 온몸을 꽁꽁 싸매고 있어 아무도 생김새를 몰라."

역사를 지키고 번개도둑도 잡기 위해 큰별쌤과 한국사 수호대는 시간 여행을 떠나게 되었어요. 문 안의 세계는 지금으로부터 아주 아주 먼 옛날, 선사 시대로 이어져 있었어요.

큰별쌤과 한국사 수호대는 구석기 시대→신석기 시대→청동기 시대→철기 시대에서 역사를 모두 지켜냈어요. 아쉽게도 번개도둑을 잡지는 못했지만 말예요. 미로 탈출 성공으로 망원경을 얻었고요.

탐정수첩에 번개도둑을 그려보던 강산이가 눈썹을 씽ㅡ렸어요.

"어휴. 정말 모르겠어. 번개도둑을 어떻게 잡지?"

강산이의 한숨 섞인 말에 책을 보던 바다가 말했어요.

"*몽타주를 그려 보면 어때?"

*몽타주 : 여러 사람의 얼굴에서 각 부분을 따서 서로 합쳐 어떤 사람의 모습을 만든 거예요.

번개도둑 몽타주 완성하기

아주 먼 옛날, 선사 시대에서는 아쉽게 번개도둑을 놓쳤어요. 아참! 번개도둑의 모자를 벗겨 머리 모양을 알게 되었어요. 강산이와 바다는 탐정수첩에 번개도둑의 몽타주를 그려 보았어요. 번개도둑은 어떤 모습일까요?

힌트 붉은 갈색의 뽀글뽀글 엉켜 있는 파마머리

그때였어요!

갑자기 무전기에서 누군가의 목소리가 흘러나왔어요.

"치지직 지직. 여기는 번개 원. 반드시 주몽을 잡아야 한다."

강산이와 바다가 동시에 큰별쌤을 바라봤어요.

"번개도둑이 고구려에 나타났나 보구나. 우리도 당장 고구려로 가자."

번개도둑의 위치를 알아내자 벽에 큰 구멍이 만들어졌어요.

"시간의 문이 열렸어요."

강산이의 말에 큰별쌤이 외쳤어요.

"주몽이 있는 고구려로 출발한다!"

"여기가 어딜까? 지도가 없으니 어딘지 알 수가 없구나."

시간의 문에서 나온 큰별쌤이 주변을 두리번거리며 말했어요.

"그럼 이제 어떡해요?"

바다가 걱정스런 얼굴로 물었어요.

"물이 흐르는 강 가까이에는 누군가 살고 있을 거야."

핑이가 귀를 한 번 쫑긋하더니 갑자기 쌩 달리기 시작했어요.

"핑이가 물소리를 들은 모양이구나. 얼른 따라가 보자."

핑이는 정말 큰 강가 옆에 있는 작은 집을 찾아냈어요.

人 사람 인: 부여인의 '인'은 '사람(人)'
이라는 뜻이에요.

강산이가 조심스럽게 문을 두드렸어요.

"누구요?"

문을 열고 나온 남자가 위아래로 훑어보며 경계했어요.

"부여인人이오? 아니면 바다 건너에서 왔소?"

"대한민국 사람이에요."

강산이는 조금 떨렸지만 당당하게 말했어요.

"대한민국? 그런 나라는 들어본 적 없어. 어디 촌구석의 부족인가 보군."

남자는 퉁명스럽게 말하면서도 집 안으로 들어 오는 걸 허락해 주었어요.

"날이 밝으면 떠나시오."

"무슨 일로 왔는지 모르지만 날이 밝는 대로 서둘러 떠나시오. 곧 큰 싸움이 벌어질 테니."

남자는 심각한 표정으로 말했어요.

"그나저나 여기는 어디인가요?"

큰별쌤이 집 안을 둘러보며 물었어요.

"졸본 지방의 비류수水요."

"비류수라면 압록강에서 갈라져 나온 물줄기군요. 그렇다면 여기가 주몽이 세울 고구려가 맞죠?"

水 물 수 : 비류수의 '수'는 '물(水)'이라는 뜻이에요. 비류수는 고구려 땅에 있던 강의 이름이에요.

"여기는 어딘가요?"

"역시 수상한 자로군. 누가 뭘 세운다고?"

큰별쌤의 말을 들은 남자의 눈빛이 무섭게 변했어요.

"진정해요. 우린 그 그 그러니까…."

"*예언자예요!"

> *예언자 : 앞으로 일어날 일을 미리 짐작하여 말하는 사람이에요.

큰별쌤이 난처해 하자 바다가 냉큼 대답했어요.

"흥! 그런 말로 날 속이려고?
 당신들이 예언자라면 증거를 대 봐!"

남자의 말에 큰별쌤이 하하! 큰 소리로 웃었어요.

그러자 큰별쌤의 티셔츠에 그려진 노란별에서 환한 빛이 쏟아져 나왔어요.

> 王 왕 왕: 왕(王)은 한 나라를 다스리는 가장 높은 사람이에요. 왕자는 왕의 아들이에요.

"이제 믿을 수 있죠?"

남자의 눈이 휘둥그레졌어요.

"그렇다면 혹시 주몽 왕王자님을 위해 온 자들이오? 예언자라면 말해 보시오. 주몽 왕자님이 무사히 탈출할 수 있겠소?"

큰별쌤은 잠깐 생각하더니 목소리를 가다듬고 대답했어요.

"걱정 말아요. 주몽 왕자는 무사히 부여를 벗어날 거예요. 고구려라는 거대한 왕국을 세우게 될 겁니다."

큰별쌤은 남자에게 정중히 인사하고 강산이와 바다, 핑이를 데리고 나왔어요.

*꿍꿍이 : 남 몰래 속으로만 어떤 일을 꾸며 우물쭈물 생각하는 거예요.

"비류수로 오다니, 번개도둑이 무슨 *꿍꿍이인지 알겠어.
 주몽이 고구려를 세우는 걸 방해할 생각인 거야."

큰별쌤은 뭔가 떠오르는 보양이었어요.

"아까부터 궁금했는데요, 대체 주몽이 누구예요?"

강산이가 머리를 긁적이며 물었어요.

"주몽은 고구려라는 나라를 세운 사람이야.
 고구려의 첫 번째 왕이지. 주몽을 만나러 가 보자."

고구려를 세운 주몽

하늘에서 내려온 해모수와 유화는 첫눈에 사랑에 빠졌어요.

유화는 물의 신 하백의 딸로, 아버지 몰래 해모수와 만나다가 쫓겨나게 되었어요.

부여의 금와 임금은 쫓겨난 유화를 불쌍히 여겨 부여로 데려왔어요.

그런데 얼마 후 신기한 일이 벌어져요. 햇빛이 유화를 졸졸 쫓아다니더니 유화가 큰 알을 낳은 거예요.

그 알을 깨고 나온 사내아이가 바로 주몽이에요.

주몽은 어렸을 때부터 활쏘기를 잘하고 영리했어요. 그래서 금와 임금의 사랑을 혼자서 모두 차지했어요.

금와 임금의 일곱 왕자들은 이런 주몽의 뛰어난 재주를 질투했고, 결국 주몽을 없애려는 계획을 세웠어요.

"멀리 떠나 네 뜻을 펼치거라."

주몽은 어머니의 말을 듣고 부여를 떠나 새로운 나라를 세우기로 마음먹었어요.

주몽이 말을 타고 떠나는 날, 이를 눈치 챈 일곱 왕자들이 재빨리 주몽을 뒤쫓았어요.

"앗! 저기 좀 봐!"

바다가 뿌연 흙먼지가 피어오르는 곳을 가리켰어요.

"번개도둑이야!"

주몽의 뒤를 쫓는 일곱 왕자들 뒤로 번개도둑이 보였어요.

큰★별쌤 이야기

쉿! 쉿! 쉿! 주몽이 부여를 떠날 때 타고 간 흰 말에는 비밀이 숨어있어.

> 室 집 실 : 왕실의 '실'은 '집(室)'이라는 뜻이에요. 왕실은 왕의 집안이에요.

일곱 왕자들의 질투가 심해지자 금와 임금은 주몽을 왕실室의 말을 기르는 목장지기로 보냈어.

주몽의 어머니는 주몽을 돕기 위해 목장에서 가장 좋은 흰 말의 혀끝에 바늘을 찔러두었어. 말이 먹이를 먹지 못하게 한 거지.

말이 빼빼 마르자 금와 임금은 흰 말을 주몽에게 주었어.
주몽은 말을 얻은 다음, 혀끝에 꽂힌 바늘을 빼 말을 살찌우고 훈련시켰어.
일곱 왕자들 몰래 떠날 준비를 했던 거지.

부여에서 도망치는 주몽

"숨겨진 비밀을 알고 나니 흰 말이 더 대단해 보여요."

강산이가 기뻐하며 소리쳤어요.

도망치던 주몽은 커다란 강에 맞닥뜨렸어요.

이러지도 저러지도 못하던 주몽은 하늘을 향해 도움을 청했어요.

"나는 하늘 신 해모수의 아들이자 물의 신 하백의 손자다."

그러자 물고기와 자라들이 모여 다리를 만들어 주었어요.

주몽은 그 다리를 건너 무사히 도망쳤어요.

물고기와 자라가 다시 흩어져버려서 일곱 왕자들은 강을 건너지 못했어요.

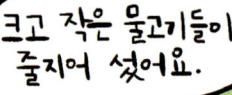

주몽의 물건들과 도움을 준 이들을 모두 찾아냈어요.

화가 난 번개도둑이 고래고래 소리를 질렀어요.

"흥! 왜 자꾸 방해하는 거야!"

그러고는 먹구름을 불러들였어요.

번쩍! 하늘에서 번개가 내리치자 번개도둑은 양팔을 벌려 주문을 외웠어요.

✨얄라방방 얄라봉봉 잠긴 시간의 문아, 번개의 힘으로 열려라 번쩍번쩍!✨

뻥 뚫린 구멍 속으로 번개도둑이 도망쳤어요.

이번엔 어디로 간 걸까요?

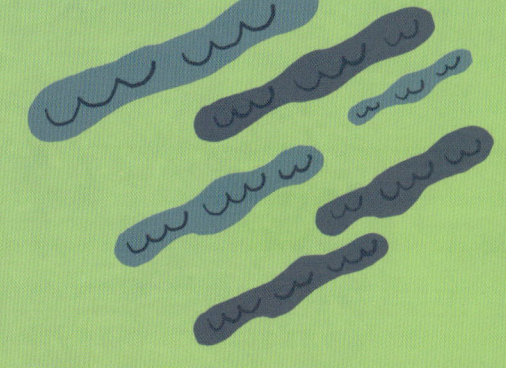

땅, 땅, 땅을 넓혀라! 광개토 대왕

"아이고, 이게 웬일이냐! 어서 몸부터 피해야겠다!"

수많은 사람이 뒤엉켜 싸우고 있는 무시무시한 전쟁터로 순간 이동을 했어요.

고구려 군軍사들이 상대편 군사들을 사나운 기세로 몰아붙이고 있었어요.

> 軍 군사 군 : 군사의 '군'은 군인(軍) 이라는 뜻이에요.

"돌격하라!"

키가 매우 큰 남자가 우렁찬 목소리로 명령했어요.

군사들도 와아! 함성을 내지르며 도망치던 상대편 군사를 공격했어요.

큰별쌤과 강산이, 바다, 핑이는 커다란 나무 뒤로 얼른 몸을 숨겼어요.

"맨 앞에 키 큰 남자는 누구예요?"

"저분은 광개토 대왕이란다."

강산이의 질문에 큰별쌤이 답했어요.

"광개토 대왕은 18세에 왕이 된 아주 아주
용맹한 청년 왕이래요."

바다가 만능시계로 띠리릭 찾아보더니 술술 말했어요.

"맞아. 광개토 대왕은 고구려 땅을 아주 크게 넓혔어.
번개도둑이 왜 이곳으로 왔는지 알겠구나."

큰★별쌤 이야기

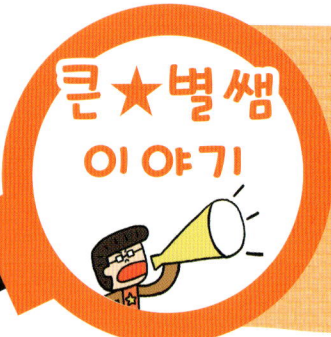

번개도둑은 광개토 대왕에 대한 거짓말을 퍼뜨릴 계획을 세우고 있어요. 엉터리 이야기에 속지 않도록 큰별쌤이 들려주는 진짜 광개토 대왕 이야기에 귀 기울여 보세요.

광개토 대왕의 어린 시절 이름은 담덕이야.

담덕은 어릴 때부터 지혜롭고 용감했어.

왕이 된 이후에는 더 힘이 세졌지.

이웃 나라 백제의 왕이 두려움에 덜덜 떨었을 정도였으니까.

백제와의 전쟁에서 광개토 대왕은 백제의 성을 무려 10개나 빼앗았다고 해.

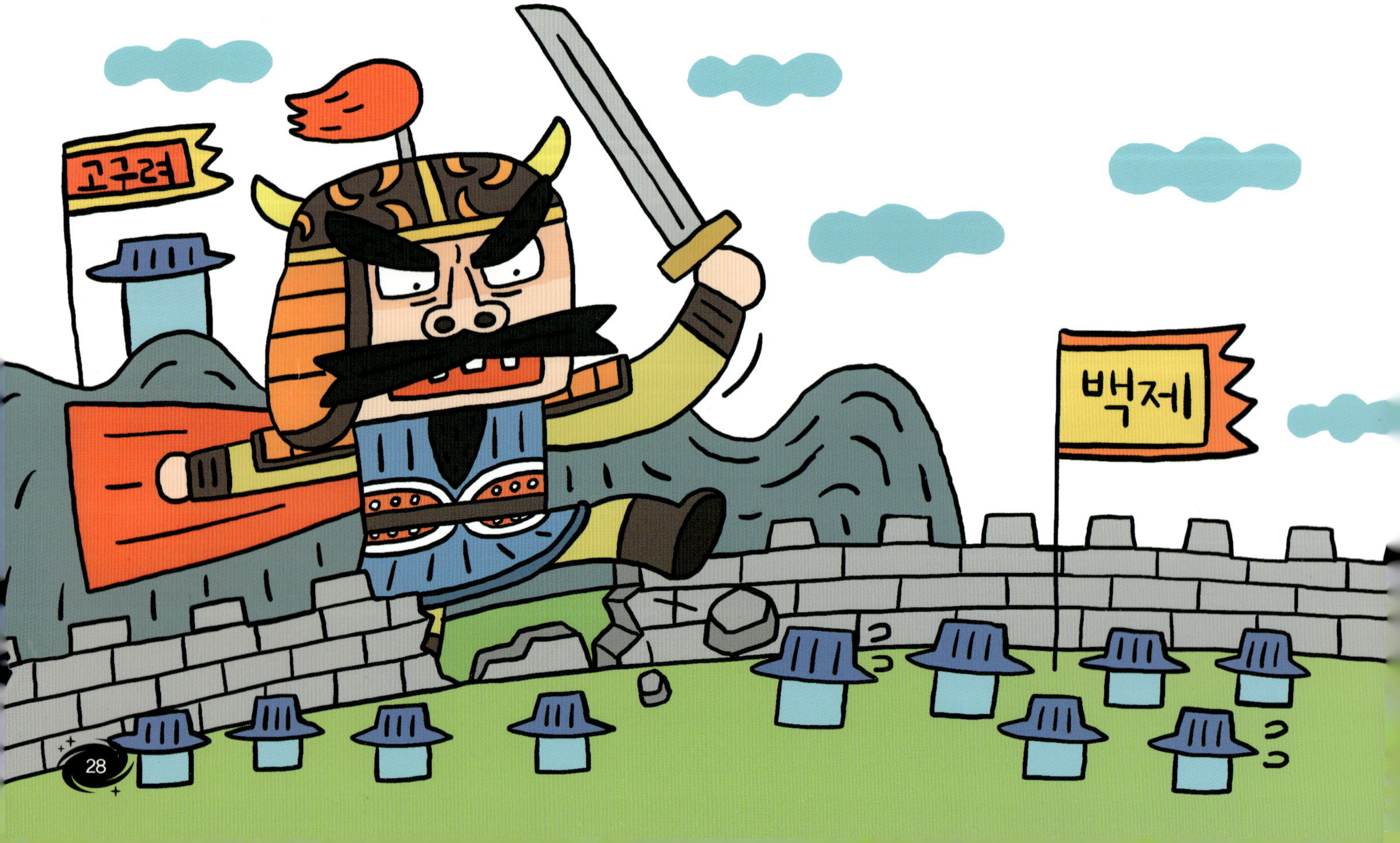

고구려 땅을 넓힌 광개토 대왕

광개토 대왕의 군대는 북쪽으로 진출했어.
드넓은 만주 벌판을 누비고 다니며
많은 나라들을 굴복시켰지.
광개토 대왕은 고구려 땅을
어마어마하게 넓혔어.
그래서 왕의 이름이
'광개토'가 되었어.
광개토는 땅을 크게
넓힌다는 뜻이거든.

신라에 침입한 왜를 무찌른 광개토 대왕

어느 날, 바다를 건너 '왜'라는 나라가 신라로 쳐들어 왔어. 고구려와 친하게 지내던 신라의 왕은 광개토 대왕에게 도와달라고 부탁했지. 광개토 대왕은 신라를 도와주기로 하고, 고구려의 강한 군대를 신라로 보내 왜의 군대를 무찔러 주었어.

땅땅땅빵 점 잇기

★ 광개토 대왕은 고구려 땅을 크게 넓힌 왕이에요. 번개도둑이 광개토 대왕에 대해 거짓말을 퍼뜨려 고구려 땅을 좁히려 해요. 광개토 대왕의 진짜 모습을 찾아, 점과 점을 선으로 이어 고구려의 땅을 지켜 주세요!

★ 숨어있는 한자 '군軍'을 찾아보아요.

광개토 대왕이 넓힌 고구려 땅을 좁히려던 번개도둑의 작전은 이번에도 실패하고 말았어요.
그런데 어찌된 일인지 번개도둑도, 시간의 문도 보이질 않았어요.
"번개도둑이 무언가 수상한 일을 꾸밀 것만 같아요."
강산이가 심각한 얼굴로 말했어요.
큰별쌤은 뭔가 떠올랐는지 눈을 크게 떴어요.
"아하! 번개도둑이 어디로 갔는지 알겠어. 광개토 대왕릉비가 있는 곳이야! 당장 가 보자!"

더 강한 고구려를 만든 장수왕

얼마나 걸었을까요?

저 멀리 우뚝 솟은 커다란 바위가 눈에 들어왔어요.

강산이가 소리쳤어요.

"큰별쌤, 저기 어마어마하게 큰 바위가 보여요!"

"저건 *비석이란다."

큰별쌤의 말이 끝나기가 무섭게 바다의 환호가 이어졌어요.

"와, 크다! 누가 이런 비석을 세운 걸까요?"

*비석 : 어떤 사람이나 사건, 문화재 등을 기리기 위해 돌에 글을 새겨 세워 놓은 거예요.

"광개토 대왕릉비는 광개토 대왕의 아들인 장수왕이 세웠단다. 고구려를 세운 이야기, 광개토 대왕이 한 훌륭한 일들이 새겨져 있어. 장수왕은 아버지만큼 고구려를 더 크고 강하게 만들고자 했어."

"쌤! 쌤! 저 아래 고구려 사람들이 이사가나 봐요."

강산이가 망원경을 꺼내 언덕 아래를 보며 말했어요.

"평양으로 가는 중인가 보구나. 평양은 한강 가까이에 있어 교통이 편하고, 땅도 기름져서 곡식도 잘 자라지. 또 장수왕은 남쪽까지 땅을 넓히면 좋겠다고 생각했거든."

"큰별쌤, 우리도 평양으로 가요."

*사신 : 왕이나 나라의 명령을 받아 다른 나라에 전하러 가는 신하를 뜻해요.

평양 구경에 한창 신이 났을 때 누군가 휘익 지나갔어요.

번개도둑이 백제의 *사신으로 변장한 것이 아니겠어요.

"쉿! 몰래 따라가 보자."

살금살금 번개도둑을 따라갔어요.

번개도둑이 도착한 곳은 고구려의 북쪽에 있는 북위라는 나라였어요.

북위의 왕은 장수왕과는 친한 사이였어요.

백제의 사신으로 변장한 번개도둑은 북위의 왕에게 비밀 문서를 전해 주는 듯 보였어요.

"번개도둑이 무슨 일을 꾸미는 거지?"

큰별쌤이 당황해하며 말했어요.

바로 그때 핑이가 잽싸게 달려 탁자 위에 있던 비밀 문서를 확 물어 왔어요.

비밀 문서에는 이렇게 쓰여 있었어요.

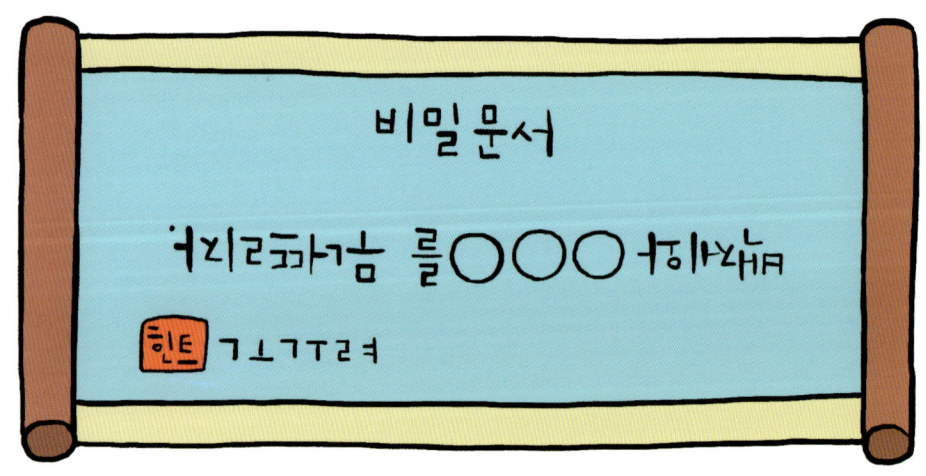

"맙소사. 번개도둑이 고구려와 백제의 싸움을 부추겼구나. 백제와 고구려의 전쟁이 시작될 것 같아."

큰별쌤이 떨리는 목소리로 중얼거렸어요.

북北위의 왕은 장수왕에게 비밀 문서의 내용을 사실대로 말해 주었어요.

화가 난 장수왕은 신하들에게 소리쳤어요.

"괘씸한 백제! 가만두지 않겠다."

北 북 북 : 북위는 옛날 중국의 북(北)쪽 지역에 있던 나라예요.

장수왕은 한 가지 꾀를 내었어요.

도림이란 스님을 스파이로 백제에 보냈어요.

평소 백제의 왕은 바둑을 무척 좋아했거든요.

도림은 백제의 왕과 바둑을 함께 두며 친해졌고, 왕을 꼬드겨 큰 성을 짓게 했어요.

백제가 정신없는 틈을 타 고구려의 장수왕은 백제를 공격했어요.

"공격하라! 다 부수자!"

고구려 군사와 백제의 군사가 싸우고 있어요. 장수왕의 명령을 고구려 군사에게 전해야 해요. 곳곳에 숨은 백제의 군사들과 번개도둑들을 피해 고구려 군사에게 신속하게 명령을 전달해야 해요. 단, 한 번 지나간 길은 다시 지나갈 수 없어요.

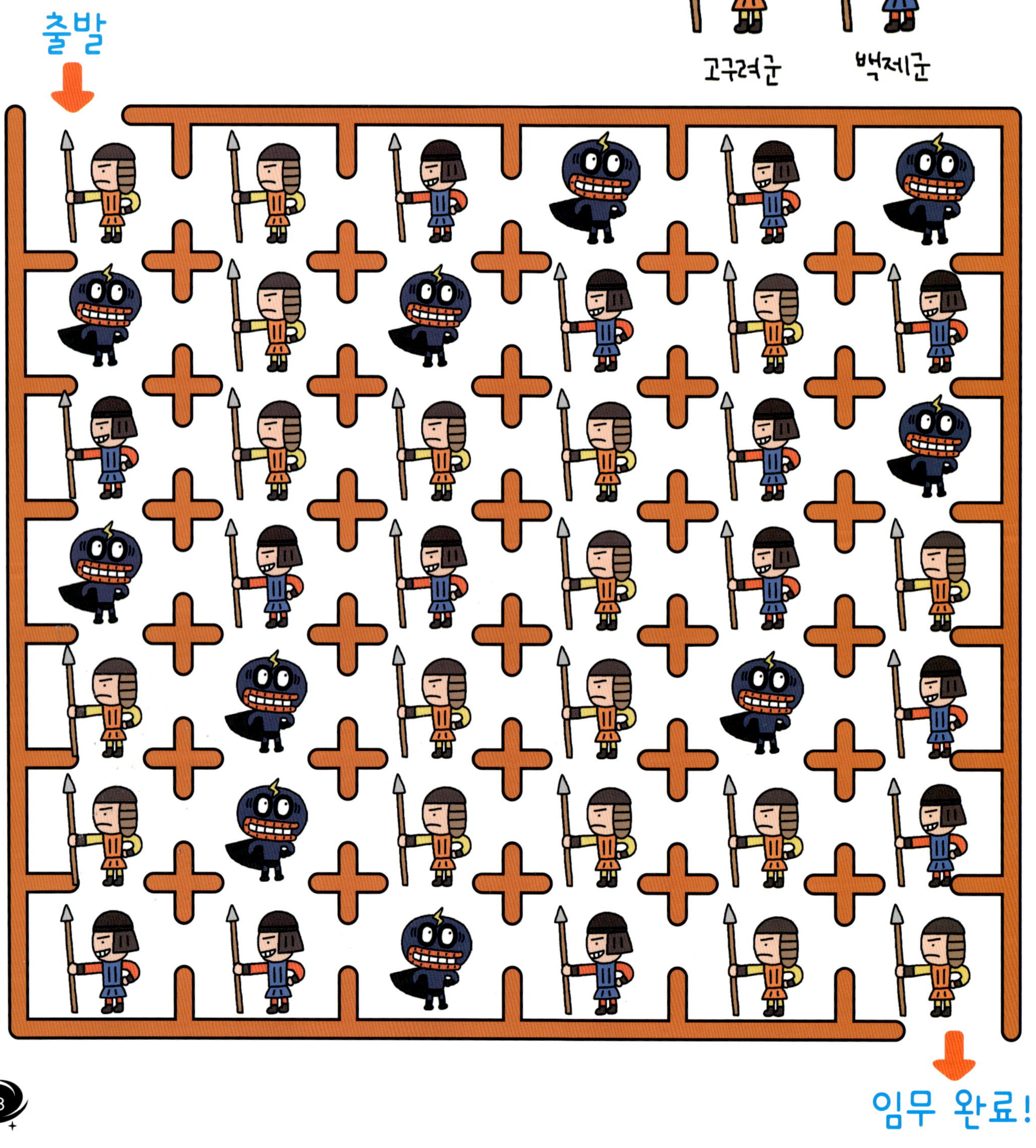

출발

고구려군   백제군

임무 완료!

장수왕의 명령을 고구려 군사들에게 무사히 전달하였어요. 덕분에 고구려 군대는 백제와의 전쟁에서 이겼어요. 그 때 갑자기 어떤 할아버지가 나타났어요. 큰별쌤은 깜짝 놀라 허리를 굽혀 인사를 했어요.

할아버지는 바로 장수왕이었어요.

장수왕은 더 강한 고구려를 만들고, 97세의 할아버지가 될 때까지 백성들을 보살폈어요.

그 순간 하늘에서 번쩍! 번개가 쳤어요.

큰별쌤과 강산이, 바다, 핑이는 장수왕에게 작별 인사를 하고는 번개가 치는 곳으로 힘껏 달렸어요.

을지문덕 장군의 살수 대첩

시간의 문은 커다란 성과 연결되어 있었어요.
번개도둑은 그 어디에도 보이지 않았어요.
이번에도 전쟁이 벌어지고 있었거든요.
"고구려는 맨날 전쟁만 했나 봐요. 고구려 백성들이 힘들었겠어요."
"그래도 고구려가 중국 군대를 잘 막아주어 고구려 아래쪽에 있던 신라와 백제도 지켜질 수 있었단다."

고구려를 지켜라!

큰별쌤은 성 아래 수나라 군대들을 보더니 한숨 섞인 목소리로 말했어요.

"수나라가 나라 이름이에요?"

"수나라는 우리 땅에 고구려가 세워졌을 때
 중국에 있었던 나라란다."

큰별쌤의 설명이 이어졌어요.

"수나라는 처음엔 전쟁에서 쉽게 이길 거라 생각했어.
 그런데 고구려의 힘도 만만치 않았어.
 고구려엔 을지문덕 장군이 딱 버티고 계셨거든.
 을지문덕 장군은 수나라 군대를 무너뜨릴 기막힌 작전을 세웠어."

*살수 : 오늘날의 청천강
*대첩 : 큰 승리를 거둔 전투를 말해요.

*살수 *대첩

을지문덕 장군은 일곱 번 싸워 일곱 번 지는 척 물러나면서 수나라 군대를 평양으로 유인했어요. 그러고는 거짓 승리에 속아 우쭐대던 수나라 장군에게 시를 지어 보냈어요.

"전쟁에서 계속 이겼으니 그만 물러가는게 어떤가?"

무언가 이상한 낌새를 느낀 수나라 군대는 슬슬 후퇴하기 시작했어요.

수나라 군대가 살수라는 큰 강을 반쯤 건넜을 때였어요.

숨어 있던 고구려 군사들이 사납고 세차게 공격을 퍼부었어요.

수나라 군대는 큰 피해를 입은 채 돌아가야 했어요.

큰★별쌤 추리

번개도둑은 분명 연개소문 주위에서 고구려의 역사를 방해하려 할 거야. 어떤 일을 꾸미려 하는지 연개소문을 좀 더 살펴보자.

수나라는 살수 대첩에서 크게 진 뒤 점점 힘이 약해져 멸망하였어.
뒤를 이어 당나라가 새롭게 세워졌지.
당나라는 호시탐탐 고구려로 쳐들어 갈 기회만 엿보고 있었는데,
그만 고구려에서 난리가 났어.
연개소문이 *권력을 더 가지려 욕심을 냈거든.
왕과 다른 귀족들을 죽여버리고 말았지.
이제 연개소문은 힘으로는 고구려에서 1인자가 된 거야.

*권력 : 나라나 다른 사람을 지배할 수 있는 힘을 뜻해요.

그러던 어느 날, 이웃 나라 신라에서 김춘추가 연개소문을 찾아왔어.

백제가 자꾸 괴롭힌다며 고구려의 강한 군대를 보내 도와달라고 한 거야.

연개소문은 김춘추의 부탁을 거절했고,

김춘추는 서러운 마음을 품고 신라로 돌아갔지.

왕도 연개소문이 시키는 대로 할 수밖에 없었고,

고구려를 쥐락펴락 한다는 소식은 계속해서 당나라에 전해졌어.

결국 당나라는 연개소문을 혼내주겠다는 핑계를 대며 전쟁을 일으켰어.

당나라 군대는 의기양양하게 안시성까지 쳐들어 오고 말았지.

신라의 김춘추가 찾아와 도움을 요청하고 있어.

왕 뒤에 연개소문이 보여! 연개소문이 시킨 대로 말했던 걸까?

번개도둑이 흙을 퍼나르고 있어요."

번개도둑이 당나라 군사로 변장해서 흙산을 쌓고 있었어요.

"흙산을 높이 쌓아 안시성으로 쳐들어가려 하나 보군."

큰별쌤은 대수롭지 않은 듯 말했어요.

안시성 안의 군사와 백성들은 당나라의 공격을 막고, 막고, 또 막았어요.

시간이 지날수록 흙산은 점점 높아졌어요.

"더 이상은 안 되겠어요. 우리가 막아야 해요."

강산이가 다급하게 외쳤지만 큰별쌤은 하하! 웃고 말았어요.

그러자 흙산 위로 별이 쏟아졌어요.

"어라? 이게 아닌데."

쑥스러운지 큰별쌤의 얼굴이 빨개졌어요.

큰별쌤은 하늘을 바라보며 중얼거렸어요.

"하늘아, 이제 때가 되었어."

그러자 갑자기 하늘에서 비가 내리기 시작했어요.

빗줄기는 시간이 지날수록 점점 거세졌어요.

"큰별쌤, 마법을 부린 거예요?"

바다가 놀란 듯 눈을 동그랗게 뜨고 큰별쌤에게 물었어요.

큰별쌤은 씨익 미소짓더니 비밀을 말해 주었어요.

"사실은 풀숲에 청개구리들이 개굴개굴 울고 있었거든. 비가 올 *징조니까."

*징조 : 어떤 일이 일어날 것 같은 분위기를 뜻해요.

큰 비가 내리자 흙산은 한순간에 와르르 무너지고 말았어요.

끝까지 안시성을 지키던 고구려 백성과 군사들도 함성을 지르며 기뻐했어요.

"우와! 정말 멋져요♥ 용감하게 싸워준 고구려 사람들이 자랑스러워요."

"하늘도 고구려의 용기에 감동했나 봐요."

흙산이 무너져 내리자 번개도둑은 화가 단단히 났어요.

번개도둑은 품속에 감춰둔 주머니를 꺼내 빨간 가루를 뿌렸어요.

"콜록콜록. 에취. 이게 뭐야?"

강산이와 바다가 쉴 새 없이 재채기를 했어요.

바로 그때 핑이가 번개도둑의 주머니를 휙 낚아챘어요.

그 순간 번개도둑의 장갑까지 벗겨졌어요.

번개도둑은 손을 감추며 후다닥 도망치고 말았어요.

"번개도둑 손 봤어?"

"응. 손가락이 엄청 짧고 통통한 게 웃겼어."

"맞아. 손등엔 북슬북슬 털도 많더라."

강산이는 얼른 탐정수첩을 꺼내 번개도둑의 손을 그렸어요.

"처음엔 번개만 불러내는 줄 알았는데 수상한 점이 더 있는 것 같아."

"이상한 빨간 가루도 있고 말이야."

"어쨌거나 고구려의 역사를 지켜내서 다행이야."

강산이와 바다는 어깨를 으쓱하며 말했어요.

"그런데 번개도둑이 했던 말이 자꾸 마음에 걸려요.

우리가 지켜봤자 고구려는 곧 멸망한다는 말이요."

"음…. 그건 번개도둑의 말이 맞아.

연개소문이 죽고 난 뒤 연개소문의 아들들이 서로 권력을 차지하겠다고

다투다가 고구려의 힘이 약해지게 돼.

애들아, 신라의 김춘추가 고구려로 찾아와 백제를 물리쳐 달라며

부탁했던 일 기억나니?

고구려에서 거절하자 김춘추는 당나라 왕을 찾아가 고구려를 함께

무찌르자고 말했어.

안시성 싸움에서 진 당나라 왕도 고구려가 미웠거든.

결국 당나라와 신라가 위, 아래에서 동시에 공격을 퍼부으니

고구려는 버틸 수가 없었단다."

"아, 너무 안타까워요. 그렇게 크고 강한 나라가 한순간에 무너지다니."

"그렇지만 역사는 또다시 흘러간단다."

"그럼 번개도둑의 나쁜 짓도 계속되겠죠?"

"아마도 번개도둑은 백제로 갔을 거야."

"백제요?"

"고구려와 함께 *번성했던 이웃 나라 백제와 신라를 번개도둑이 그냥 지나칠 리 없지."

큰별쌤의 말에 강산이와 바다는 고개를 끄덕였어요.

다음 나라로 시간 여행을 떠날 준비, 여러분도 되었나요?

*번성하다 : 기운이나 세력이 크게 퍼지는 걸 말해요.

꼬불꼬불 꼬인 퀴즈

저마다 자기가 고구려에서 가장 위대한 일을 했다며 자랑하고 있어요. 누가 누구인지 줄을 따라가 카드판에 보물 카드를 올려주세요. 정답을 맞히면 세 번째 시간 여행에서 한국사 수호대를 위기에서 구해줄 아이템을 얻을 수 있을 거예요.

나는 고구려의 영토를 크게 넓힌 용맹한 왕이야.

나는 천리장성을 쌓고 당나라의 침입을 막아 낸 고구려의 권력자야.

나는 97세까지 살아 고구려를 힘세고 강한 나라로 만들었지. 아버지의 업적을 기리는 광개토 대왕릉비도 내가 세웠지.

나는 수나라 군대를 살수에서 크게 무찌른 용맹한 장군이야.

나는 알에서 태어났어. 고구려를 세웠지. 쏬다하면 백발백중! 활쏘기가 내 특기야.

멈춰! 끝난 줄 알았지?
마지막 퀴즈다.
퀴즈의 정답에 해당하는
보물 카드를 나에게 줘라.
그래야 지나갈 수 있다!

카드판

번개도둑을 피해
지나가려면
보물 카드를
여기에 올려주세요.

퀴즈

장수왕이 세운
비석으로,
광개토 대왕의
훌륭한 일들을
새겨놓았지.

큰별쌤, 강산이와 바다, 핑이는 번개도둑이 낸 마지막 퀴즈까지 모두 풀어냈어요.

번개도둑은 약속한 대로 길을 비켜줄 수밖에 없었죠.

드디어 튜브를 얻었어요.

어디에 쓰냐고요?

글쎄요. 아마도 다음 세 번째 시간 여행지에서 필요하지 않을까요?

그나저나 번개도둑은 언제, 어디서 나타나게 될까요?

나 잡아봐라!

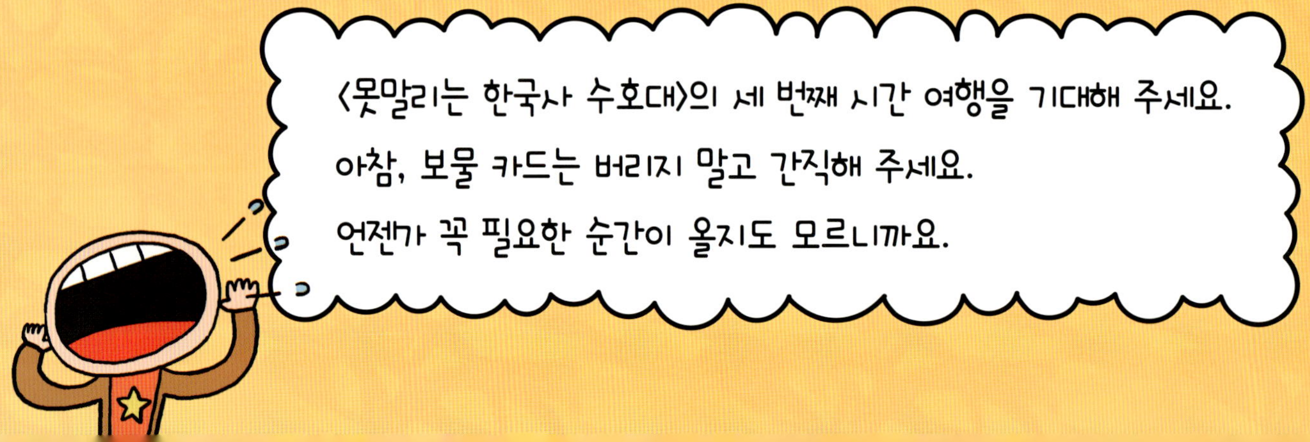

<못말리는 한국사 수호대>의 세 번째 시간 여행을 기대해 주세요.
아참, 보물 카드는 버리지 말고 간직해 주세요.
언젠가 꼭 필요한 순간이 올지도 모르니까요.

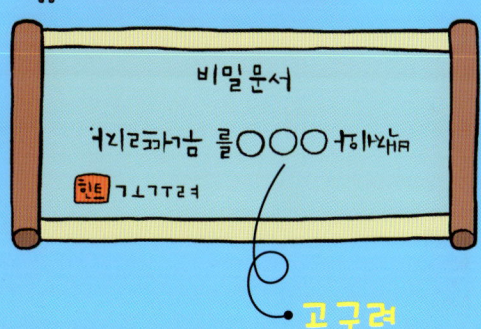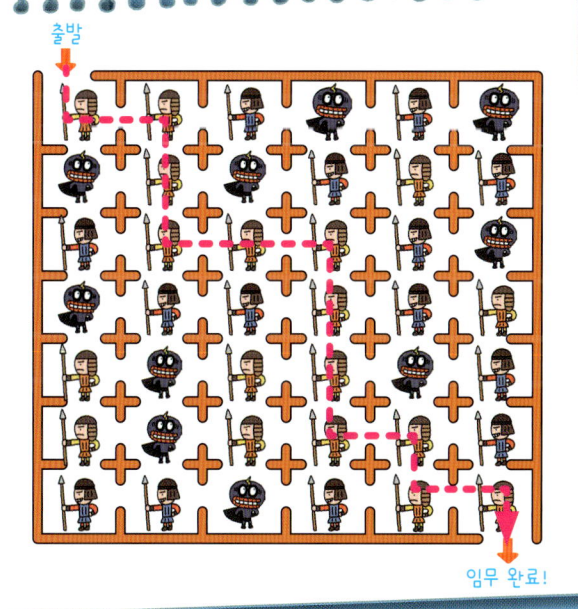

정답

살수 대첩 ✏ 43~44쪽

꼬불꼬불 꼬인 퀴즈 ✏ 57~58쪽

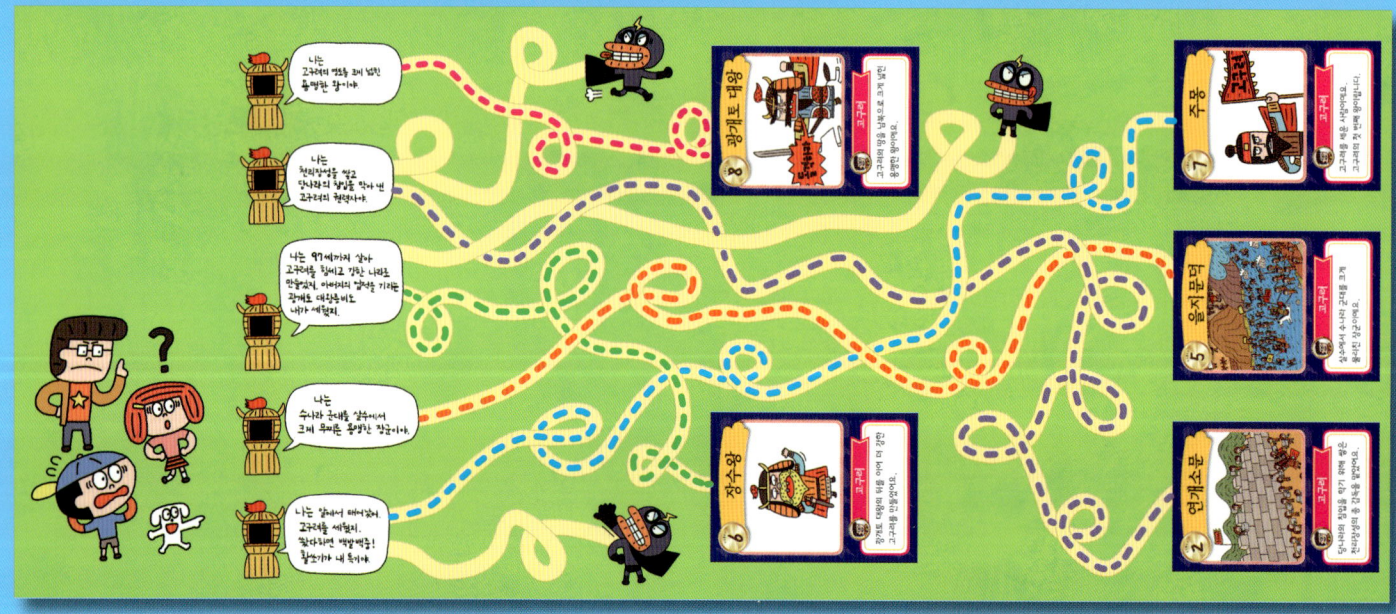

마지막 퀴즈 대결 ✏ 59쪽

장수왕
9
고구려
광개토 대왕의 뒤를 이어 더 강한 고구려를 만들었어요.

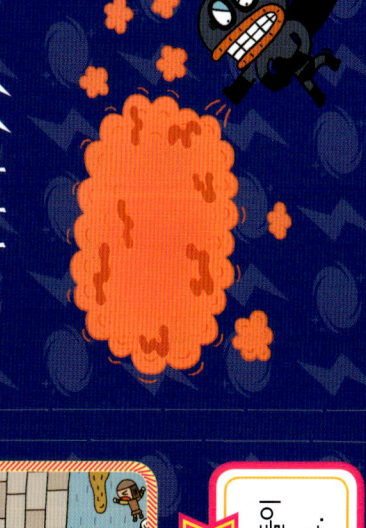

빨간 가루
공격력: ⚡⚡⚡
지속력: ⚡⚡
공격

광개토 대왕릉비
4
고구려
광개토 대왕의 한 훌륭한 업적을 새긴 비석으로 장수왕이 세웠어요.

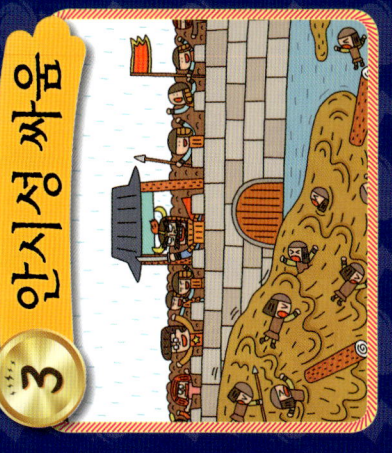

안시성 싸움
3
고구려
안시성에서 고구려 병사와 백성들이 당나라 군대를 무찌른 전투예요.

광개토 대왕
8
고구려
고구려의 땅을 넓복으로 크게 넓힌 용맹한 왕이에요.

연개소문
2
고구려
당나라의 침입을 막기 위해 쌓은 천리장성의 총 감독을 맡았어요.

보물 카드

주몽
7
고구려
고구려를 세운 사람이에요. 고구려의 첫 번째 왕이랍니다.

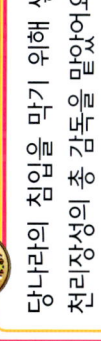

을지문덕
5
고구려
살수에서 수나라 군대를 크게 물리친 장군이에요.

우리 아이 궁금증 해결을 위한
친절한 가이드

우리 아이에게 **우리 역사**를
먼저 만나게 해준 어머님들. 고맙습니다.
우리 아이가 책을 읽다가, 그림을 보다가 엄마에게
질문하더라도 당황하지 마세요.
엄마를 위한 **학습 가이드**를 준비했어요.
엄마가 먼저 읽으시고 우리 아이에게
엄마의 목소리로 친절하게 설명해 주세요.
아이의 **역사적 상상력**이 쑥쑥 자라날 수 있도록
격려해 주세요.

삼국 시대가 시작되다

엎치락뒤치락 한강 유역 쟁탈전

고구려, 백제, 신라는 한반도의 주도권을 차지하기 위해 치열하게 경쟁합니다. 특히 교통이 편리하고 넓은 평야로 이루어진 한강 유역을 차지하기 위해 노력하죠. 한강 유역을 차지한 나라는 전성기를 누리게 됩니다.

사람이나 국가나 성장곡선의 모양은 비슷합니다. 사람의 경우 처음엔 약간 느리게 성장하다가 청소년기를 정점으로 급격히 성장합니다. 그리고 점차 쇠퇴하여 마지막에는 정지하는 듯한 완만한 S자형 곡선을 그립니다. 국가도 크게 다르지 않아요. 성장기→개혁기→전성기를 거치면서 흥망성쇠를 경험합니다. 삼국은 과연 어떠한 모습으로 성장하고, 발전하고, 또 쇠퇴해 갔는지 살펴보도록 하겠습니다. 우선 가장 먼저 고대 국가의 기틀을 다진 고구려부터 살펴볼까요?

큰★별쌤이 엄마에게

이제 본격적인 역사 시대가 시작됩니다. 바로 삼국 시대인데요. 이제부터는 수많은 사건과 인물이 등장합니다. 아이에게 이렇게 복잡한 역사를 어떻게 알려줘야 하나 걱정되시나요? 너무 어렵게 생각하지 마세요. 그만큼 흥미진진한 이야기와 멋진 주인공이 많다는 사실! 그렇다면 삼국은 어떻게 성립되었을까요?

고조선의 뒤를 이어 만주와 한반도 지역에서는 철기 문화를 바탕으로 여러 나라들이 세워집니다. 만주 쑹화 강 유역에 부여, 압록강 유역에 고구려, 함경도 일대에 옥저, 강원도 북부 동해안 지역에 동예가 세워지고, 한반도 남쪽에는 마한·진한·변한의 삼한이 세워지지요.

영토 확장을 위한 정복 전쟁이 활발해지면서 전쟁을 이끄는 왕에게 권력이 집중됩니다. 이 과정 속에서 드디어 강력한 왕권을 바탕으로 한 중앙 집권적 고대 국가가 등장하지요. 바로 고구려, 백제, 신라입니다. 물론 가야도 삼국과 함께 등장하지만 중앙 집권 국가로는 성장하지 못해요. 연맹왕국 단계에 머물다가 결국 신라에 복속됩니다.

고구려, 강한 나라로 가는 길

주몽이 세우고, 소수림왕이 기틀을 다지다

고구려는 부여에서 내려온 주몽이 건국한 나라입니다. 고구려는 처음엔 졸본 지역에 자리 잡았지만 곧 평야 지대인 국내성으로 도읍을 옮깁니다. 고구려는 활발한 정복 활동을 펼치며 용맹하고 강인한 국가로 성장해 가지요.

4세기 고구려는 무섭게 성장하는 백제의 위협을 받게 됩니다. 심지어 백제 근초고왕의 공격으로 고국원왕이 전사하는 위태로운 상황에 처하기도 합니다. 하지만 고구려는 무너지지 않았습니다. 소수림왕 때 철저한 변화와 개혁을 통해 다시 도약하게 되지요. 소수림왕은 이제까지의 정치를 버리고 새로운 질서, 율령에 근거하여 새로운 국가로 나아가야 한다고 생각합니다. 불교를 수용하고, 율령을 반포했으며, 국립대학이라 할 수 있는 태학을 세웁니다. 나라에 충성를 강조하는 유학을 가르쳐서 좋은 인재를 길러내기 위해서였죠. 이러한 소수림왕의 개혁에 힘입어 드디어 고구려는 광개토 대왕, 장수왕 때 전성기를 맞게 됩니다.

영토를 넓힌 광개토 대왕

아마도 고구려 하면 가장 먼저 떠오르는 왕은 광개토 대왕일 겁니다. 말을 타고 힘차게 달리면서 엄청난 영토 확장을 이뤄낸 불세출의 영웅이죠. 우리는 고구려의 영광, 더 나아가 우리 역사의 영광을 이야기할 때 광개토 대왕을 이야기하곤 합니다. 또 어떤 사람들은 광개토 대왕 당시의 넓은 영토를 되찾아야 한다고 주장하기도 하지요.

그런데 여기서 잠시, 입장을 바꿔 생각해 볼 게 있어요. 광개토 대왕의 영토 확장 과정에서 고구려의 부대에 무릎 꿇어야 했던 지역에 살던 사람들의 심정은 어땠을까요? 전쟁이라는 수단을 통해 영토 확장이 이루어진 것인 만큼 누군가는 분명 가족이 해체되는 아픔을 겪었을 것입니다.

그리고 만약 우리가 광개토 대왕이 차지했던 영토를 되찾고자 한다면? 이 역시 또 하나의 침략이 될 수밖에 없겠지요.

1. 유화 부인(주몽의 어머니)은 금와 임금을 따라 부여에서 살게 되었어.

2. 유화 부인은 커다란 알을 낳게 되었는데 금와 임금은 그 알을 내다 버리라고 하였어.

3. 짐승들이 알을 보호해 주었고, 그 알을 깨고 한 사내아이가 태어났는데 그가 바로 주몽이란다.

4. 주몽은 어려서부터 영리하고 활을 매우 잘 쏘아서 금와 임금의 아들들로부터 시기를 받았어.

5. 주몽은 금와 임금의 아들들이 자신을 죽이려 한다는 것을 알게 되었고, 말 기르는 일을 하며 부여를 떠날 기회를 엿보고 있었지.

6. 주몽은 좋은 말을 골라 일부러 마르게 한 다음 그 말을 얻게 되지. 그러고는 그 말을 타고 자신을 따르는 사람들과 함께 부여에서 도망쳤어.

7. 도망치던 중 큰 강을 만났지만 물고기와 자라가 다리를 만들어주어 무사히 건널 수 있었지.

그래서 그보다는 광개토 대왕이 꿈꿨던 그 너른 영토에 우리 시대의 문화로 긍정적인 영향을 주는 대한민국을 꿈꿔보는 것이 어떨까 생각합니다. 그것이 바로 우리 아이들이 이 시대의 광개토 대왕이 되는 길이 아닐까요? 어머니들께서 우리 아이들이 다양한 관점으로 역사를 바라볼 수 있도록 도와주신다면 아이들이 보다 건강한 시각을 가지고 자라날 수 있을 것입니다.

어쨌든 광개토 대왕은 만주 일대를 장악합니다. 그리고 '영락'이라는 독자적인 연호를 사용하며 자신감을 드러내죠. 광개토 대왕이 왕위에 올랐을 때의 나이는 열여덟 살이랍니다. 만주 지역을 호령하던 청년 왕 광개토 대왕, 멋지지 않나요?

그런 광개토 대왕의 위용을 보여주는 상징이 있어요. 바로 광개토 대왕릉비입니다. 광개토 대왕릉비는 높이가 무려 6.39m에 달합니다. 아파트 2~3층 높이의 비석을 바라보고 있노라면 이게 바로 고구려구나, 고구려의 힘이구나 하고 절로 감탄하게 되지요. 광개토 대왕릉비는 그의 첫째 아들인 장수왕이 아버지의 업적을 기리기 위해서 세운 비석입니다. 비문에는 광개토 대왕의 은혜와 혜택이 고구려를 넘어 사해(온 세계)에 떨친다는 내용이 새겨져 있습니다.

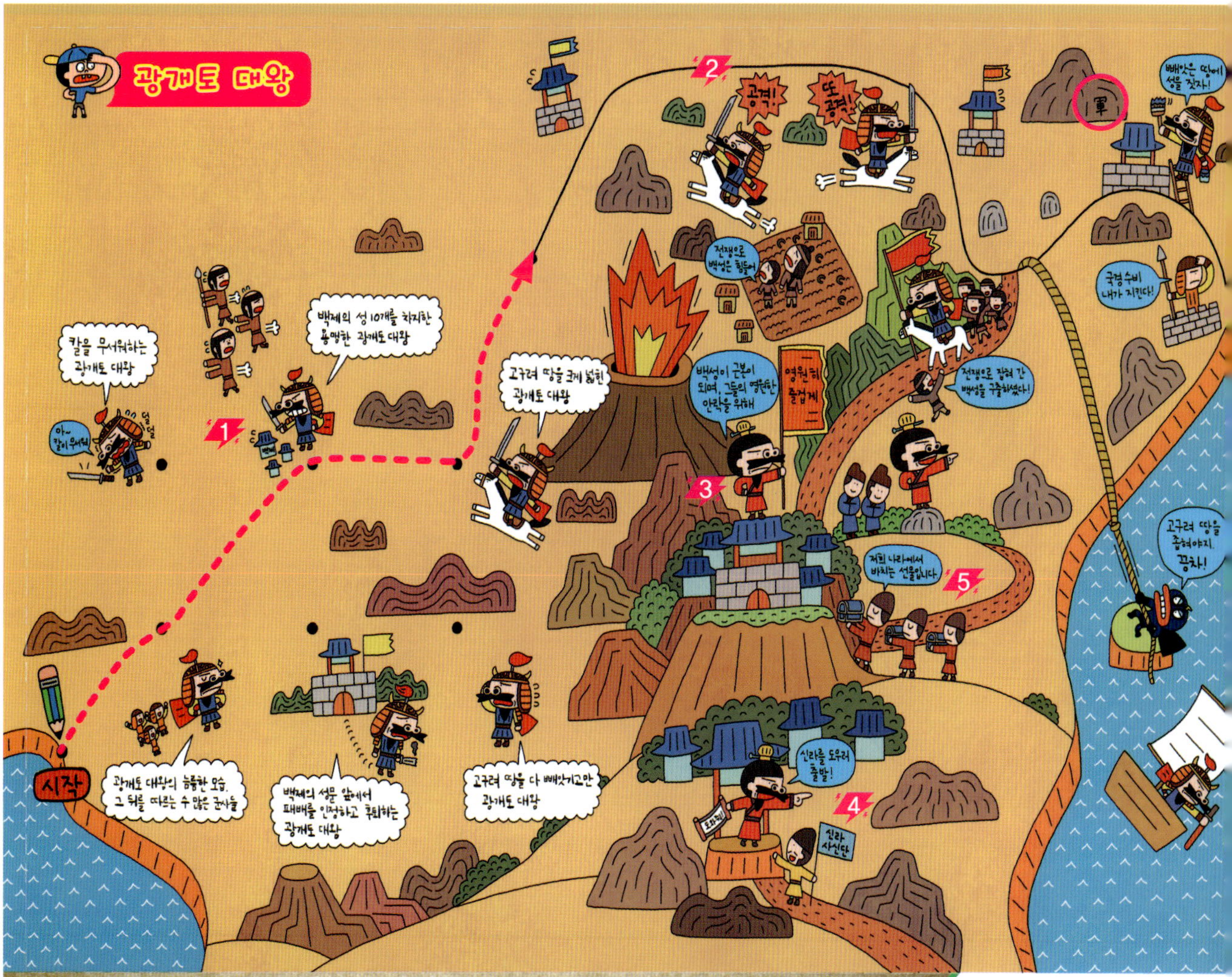

고구려, 전성기를 누리다

더 강한 고구려를 만든 장수왕

광개토 대왕의 뒤를 이어 그의 아들 장수왕이 즉위합니다. 장수왕은 무려 97세까지 살았어요. 그래서 장수왕이란 이름이 붙었습니다.

장수왕은 고구려의 왕으로서 고국원왕의 복수를 앗아간 백제에 대한 복수를 다짐합니다. 그래서 남하 정책을 추진하고 도읍을 국내성에서 평양으로 옮깁니다. 그러던 중 백제 개로왕이 고구려를 압박하기 위해 중국 북위에 사신을 보내 함께 고구려를 공격하자고 제안을 하죠. 그런데 북위도 당시 강대국이었던 고구려의 눈치를 보고 있었기 때문에 백제의 제안을 거부하고 고구려에 이 사실을 알려줍니다. 사실을 알게 된 고구려는 선제 공격을 해야겠다고 판단하죠.

하지만 섣불리 움직였다가는 일을 그르칠 수 있기 때문에 첩자를 백제에 파견합니다. 바로 승려 도림입니다.

광개토 대왕

1. 광개토 대왕은 남쪽으로는 백제를 공격하여 백제의 성을 10개나 빼앗았지.

2. 광개토 대왕은 주변 나라에 대한 활발한 정복 활동을 펼쳤고, 만주 지역까지 영토를 확장했어.

3. 만주까지 영토를 확장한 자신감으로 중국의 연호를 버리고 '영락'이라는 연호를 사용했어. 연호는 왕이 재위하는 동안 연도 앞에 붙이는 이름이야. 우리나라는 대부분 중국의 연호를 사용했는데, 고구려 광개토 대왕과 장수왕, 신라 진흥왕 등 왕의 권력이 세졌을 때 독자적인 연호를 사용해 자주성을 나타내었어.

4. 광개토 대왕은 신라의 요청으로 신라에 침입한 왜나라의 군대를 물리쳤어.

5. 고구려가 강력한 힘을 가지게 되자 주변 나라에서 고구려에 조공을 바치기도 했어. 단순하고 쉽게 표현하자면 조공은 약한 나라가 큰 나라를 섬기며 여러 예물을 보내는 걸 말해.

개로왕이 바둑을 무척 좋아하였는데, 이 도림은 바둑을 기가 막히게 두었죠. 서로 바둑을 두면서 도림과 개로왕은 둘도 없는 막역한 사이가 됩니다. 이렇게 친한 사이가 되자 도림은 개로왕에게 당신의 명성에 걸맞는 커다란 궁성을 지으란 조언을 하죠.

이 말을 들은 개로왕은 엄청난 돈과 인력을 투입하여 궁성을 짓습니다. 이에 백제가 휘청하게 되지요. 이때다 싶었던 고구려의 장수왕은 백제 공격을 감행합니다. 백제의 한성을 불바다로 만들고 개로왕을 죽이지요. 그리고 계속 남하하여 지금의 충주 일대를 장악하고 비석을 세웁니다. 그것이 바로 충주 고구려비입니다.

수나라의 침입을 물리치다! 살수 대첩

6세기가 되면서 고구려에 위기가 찾아옵니다. 사실 광개토 대왕과 장수왕 때의 전성기는 중국의 분열기와 연결되어 있어요. 그러나 수나라가 중국을 통일하며 등장하자 한반도에 위기가 닥쳐옵니다. 수나라는 113만이라는 어마어마한 대군을 이끌고 고구려로 쳐들어옵니다. 하지만 고구려는 용감하게 수나라 군대와 맞서죠. 특히 을지문덕 장군이 이끈 살수 대첩에서 큰 승리를 거두게 됩니다. 수나라는 이 싸움에서 패하면서 국력이 약해지고 결국 멸망하게 됩니다. 그 뒤를 이어 또 다른 통일 제국인 당이 등장하지요.

당나라 또한 침략 야욕을 드러내자 고구려는 북쪽 국경에 천리장성을 쌓아 대비합니다. 영류왕은 연개소문에게 천리장성 공사의 감독을 맡기죠. 연개소문의 세력이 커지자 귀족들은 그를 제거할 계획을 세웁니다. 이를 눈치챈 연개소문은 귀족들을 죽이고 왕궁으로 들어가 왕마저 죽이죠. 그리고 보장왕을 세운 뒤 왕보다 더 강력한 권력을 휘두릅니다.

살수 대첩

1. 수나라는 113만의 군대를 이끌고 고구려로 쳐들어왔어.
2. 수나라 군대 중 수군은 바다를 건너 고구려를 공격했지만 고구려의 군대에 크게 패하였어.
3. 고구려는 요동성을 굳건히 지키며 수나라 군대에 맞섰어.
4. 요동성이 무너질 기미가 보이지 않자 수나라는 별동대를 보내 고구려의 도읍인 평양성을 직접 공격하도록 했어.
5. 을지문덕 장군은 계속해서 지는 척을 하면서 수나라 군대를 깊숙한 곳으로 유인했어.
6. 고구려로 깊숙이 들어온 수나라 군대의 힘이 빠진 것을 알게 된 을지문덕 장군은 수나라 장수를 조롱하는 편지를 보냈어.
7. 을지문덕의 편지를 받은 수나라 군대가 고구려의 작전에 속았다는 것을 깨닫고 후퇴했어.
8. 후퇴하는 수나라 군대가 살수를 건너고 있을 때 을지문덕 장군이 이끄는 고구려 군대가 수나라 군대를 공격해 큰 승리를 거두었어.

당나라의 침입에 맞서 고구려가 한마음이 되어 싸우다! 안시성 싸움

　당나라는 연개소문이 정변을 일으켰다는 구실로 결국 고구려에 침입합니다. 고구려의 성을 하나 하나 무너뜨리고 안시성에 이르죠. 당나라 군대는 안시성을 포위하고 공격을 하였지만, 고구려 군대와 백성들은 안시성주를 중심으로 똘똘 뭉쳐 끝끝내 당나라 군대의 공격을 물리쳤습니다. 당나라 군대는 안시성을 함락시키기 위해 흙으로 산을 쌓아 이를 발판으로 성을 공격하였습니다. 그러나 갑자기 큰 비가 내려 흙산이 무너졌고 이틈을 타 고구려군이 당나라 군대를 공격합니다. 결국 당나라 군대는 물러가게 되었습니다.

　한편, 연개소문이 죽자 그의 아들들은 권력 다툼을 치열하게 전개하였습니다. 권력 다툼이 심해지면서 고구려는 흔들리기 시작합니다. 그때 외부에서 나(신라)·당 연합군이 공격하면서 고구려는 무너지고 말지요. 비록 고구려는 멸망하고 삼국 통일의 주인공은 신라가 되었지만 대제국이었던 수나라·당나라에 끝까지 맞서 싸워 한반도를 지켜 낸 고구려는 정말 대단한 나라라는 생각이 듭니다.

초판 10쇄 발행 2024년 5월 2일
초판 1쇄 발행 2017년 7월 27일

글 | 최태성, 김지원
그림 | 신동민
감수 | 모두의 별별 한국사 연구소, 강승임, 윤소연
발행인 | 손은진
개발 책임 | 김문주
개발 | 김숙영, 서은영, 민고은
제작 | 이성재, 장병미
디자인 | 한은영, 오은애

발행처 | 메가스터디㈜
출판사 신고 번호 | 제2015-000159호
주소 | 서울시 서초구 효령로 304 국제전자센터 24층
전화 | 1661-5431
홈페이지 | http://www.megastudybooks.com
출간제안/원고투고 | 메가스터디북스 홈페이지 <투고 문의>에 등록

이 책은 메가스터디(주)의 저작권자와의 계약에 따라 발행한 것이므로
무단 전재와 무단 복제를 금지하며, 이 책 내용의 전부 또는 일부를 이용하려면
반드시 저작권자와 메가스터디(주)의 서면 동의를 받아야 합니다.
잘못된 책은 구입하신 곳에서 바꾸어 드립니다.

메가스터디BOOKS

'메가스터디북스'는 메가스터디㈜의 출판 전문 브랜드입니다.
유아/초등 학습서, 중고등 수능/내신 참고서는 물론,
지식, 교양, 인문 분야에서 다양한 도서를 출간하고 있습니다.

- **제품명** 못말리는 한국사 수호대 2권
- **제조자명** 메가스터디㈜ • **제조년월** 판권에 별도 표기 • **제조국명** 대한민국 • **사용연령** 3세 이상
- **주소 및 전화번호** 서울시 서초구 효령로 304(서초동) 국제전자센터 24층 / 1661-5431